AGUA Y ESPEJOS

(Imágenes)

COLECCIÓN ESPEJO DE PACIENCIA

EDICIONES UNIVERSAL. Miami, Florida, 1986

AMELIA DEL CASTILLO

AGUA Y ESPEJOS

(Imágenes)

P.O. Box 450353 (Shenandoah Station)
Miami, Florida 33145, U.S.A.

©Copyright 1986 by Amelia del Castillo
ISBN: 0-89729-402-5
Library of Congress Catalog Card No. 86-80921

Dibujo de la cubierta: M. Canovaca

Printed by Ultra Graphics Corporation, Miami, Florida 33166, U.S.A.

Pórtico

> *Pequeñita en un mundo que gira enloquecido*
> *sin regalarme el tiempo para entibiar mi nido.*
>
> Amelia del Castillo, *Voces de silencio*

Aunque suelo leer los prólogos después que termino la obra, y sólo cuando efectivamente la termino y me gusta —ningún prólogo añade mérito a una obra buena, ni redime una torpe—, acepté escribir éste por circunstancias de identificación que explicaré. No es, claro está, un prólogo crítico ni académico —no soy ninguna de esas dos cosas— y, además, cada día se me hace más odiosa esa laparatomía analítica de la poesía que hoy se practica en búsqueda de influencias y parentescos poéticos. Así también aborrezco el usual encasillamiento de los poetas en escuelas estéticas o generacionales. Lo importante es el verso —si dice algo válido y original y demuestra algo más que lo puramente retórico o preceptivo—, cualesquiera que sean su fecha y autor. Acaso los poemarios debían publicarse anónimos en su primera edición, para leerlos sin respeto ni prejuicios. Después, claro está, es importante la identidad del autor. Para hacerlo todo al revés, voy a comenzar por esto último.

Como Sor Juana Inés de la Cruz, Amelia del Castillo es Contadora; pero no de un convento, sino de una corporación pública norteamericana que, acaso, es para ella tan penitencial como fue el claustro para la inquieta monja mexicana. Quizás por esa coincidencia, cuando visité a Amelia en su despacho y la vi rodeada de gruesos librotes negros y unos pliegos con columnas llenas de cifras, me pareció todo aquello un documental del Santo Oficio. Si Sor Juana permanecía en su celda para tranquilizar a obispos y confesores, Amelia pasaba su día en aquel cubículo corporativo para amansar al Departamento de Rentas Internas. Además, en las dos hay una conciencia común por encima del quehacer cotidiano —punto de partida y destino a la vez— que es la presencia de Dios. Sobre otro libro de Amelia dije a ésta que, como Sor Juana, la asistía un misticismo sensual o —si se quiere— una sensualidad mística. Ello no es sino ese misterioso trajín de la sensibilidad entre lo palpable y lo inmaterial, la realidad y el sueño, el instinto y el espíritu; afán que se otorga sólo a algunos poetas privilegiados. Hasta aquí las coincidencias entre las dos contadoras-poetisas.

Este libro, *Agua y espejos*, es un poemario de amor, amor humano en su esencia más prístina; sorpresa, asombro, duda y reiteración a un tiempo, hasta la expectación gloriosa de la maternidad (Poema X). El amor que tuvo que renunciar Sor Juana —víctima de su época—, dejando sólo escapar fugaces destellos por el dobladillo del hábito.

Es un amor dicho con ingenuo impudor, con sinceridad confesional que no necesita arrepentimiento; un verdadero estallido emocional en el que de lo más sanguíneo de sus imágenes se alza y levita el espíritu.

Son versos de juventud, como la misma autora explica, que quedaron olvidados en la tierra de origen y que al llegar a sus manos —luego de tres títulos publicados y varios lauros internacionales— les parecieron extemporáneos. «¿Cómo voy a publicar ahora esto?», me dijo cuando me los dio a leer y se los celebré. Le respondí: «Estos versos tienen algo inapreciable; algo que se pierde cuando se vive y escribe a plenitud, y que es muy difícil recuperar: la frescura de lo espontáneo».

Un tiempo después, cuando le pregunté si no iba a presentar algo a la convocatoria de la Universidad Pontificia de Salamanca y me arguyó que no tenía nada inédito para el caso, le sugerí que enviara aquellos versos de juventud tardíamente recuperados. A su indecisión —que parecía querer enviarme a mala parte— añadí: «Bajo plica nadie sabrá que son tuyos».

Pero cinco sesudos jurados, distantes entre sí, por encima de cualquier connivencia, concordaron en que *Agua y espejos* era el mejor poemario entre los concursantes... y hubo que abrir la plica.

Así arribó este libro —si no el más sofisticado, sin duda el más fresco, audaz e ingenuo a un tiempo, el más espontáneo— a la bibliografía de Amelia del Castillo.

Un prestigioso parentesco —no de estilo, sino de vecindad histórica— le salió a Amelia del Castillo con este asunto. En su primera convocatoria, el año precedente, este premio *Cátedra Poética Fray Luis de León* de la Universidad Pontifica de Salamanca, fue otorgado al ilustre poeta español Don Luis Rosales. ¡Honrosa compañía!

Lucas Lamadrid

Con excepción de los sonetos *Alfa* y *Omega*, escritos en 1965 —año en que llegó a mis manos el extraviado manuscrito—, nació y murió —creí yo— este poemario por los años cuarenta. De su nacimiento da fe mi vida; de su falsa muerte el cómplice cajón de un mueble viejo. Debió ser mi primer libro; pero, creyendo en su eterno descanso, decidí dejarle en paz hacerse polvo. Un poeta amigo y un premio literario lo rescatan hoy del olvido. Al poeta, el afecto y la admiración que me merece; a la Universidad Pontificia de Salamanca, mi agradecimiento por tan alto premio. Al poemario, suerte en su renacer tardío.

*Así como el amor te corona, así también te crucificará.
Y haciéndote crecer, será él también tu podador.*

Kahlil Gibran

Alfa

*¡Cómo se viste el agua de mi orilla
de la espuma más blanca! ¡Cómo vuela
la paloma del sueño, arrulla y cela,
en el pico el amor como semilla!*

*¿No escuchas el reir de las campanas
y a la prístina fuente y al jilguero
picoteándole trinos al alero
para anidarme el alma de ventanas?*

*Agua el amor... Que liberada fluya
hasta beber mi sed en la sed tuya,
hasta colmar el pozo de mis brazos.*

*Agua, agua el amor... Agua y espejos
creciéndose de luz en sus reflejos
para inundar el surco de tus pasos.*

I

*Por el rubio encendido de la arena
me acarició el asombro azul
de tu sonrisa.
Surcaba a toda vela el día marinero...
El mar en tu mirada y en la mía
no sé qué augurios de tormenta.
¡Qué salobre inquietud!
¡Qué espuma el sueño!*

II

Ven a que te alcance mi soledad despierta,
mi desvelo de ti.
Yo no sé de naufragios,
yo no sé de caminos,
¡enséñame!
Ven a que te sienta mi desgarrón primero.
No te inquiete dejar en el jardín tu sombra.
Yo le hablaré a la niña de pájaros y arenas,
yo abreviaré sus lágrimas.
Repasaremos sueños pueriles de la mano
y quebraremos juntas
imágenes y espejos.

III

Hoy que tengo el pie ligero
y el alma suelta
y aquietados los ojos.
Hoy que tengo fiesta de palabras
y panal de anhelos,
que hay espejos intactos sonriéndome,
déjame, amor,
probar mis alas.

IV

*Déjame estar bajo tu sombra
como la arena bajo el agua mansa
Déjame estar,
no importa cómo ni cuándo
ni en qué orilla.
Déjame estar bajo tu aliento,
entibiada de ti,
amanecida.
Déjame serte hoy
que es primavera.*

V

Déjame ser el ala de tu vuelo,
lo frágil de tu angustia incierta.
Déjame ser yo misma —casi otra—
deshabitando mi ancestral tristeza.
Déjame ser en ti sin esta prisa
por desandar mis horas huérfanas:
un puñado de ayer, un hoy inédito,
paloma, caracol, semilla y hiedra.
Déjame ser, no importa el día,
déjame
soltar la mansedumbre de mis velas,
perderme en el hondón de la tormenta.
Déjame ser en ti sin esta prisa
por estrenar lo virgen de la espera.

VI

*Déjame estar al filo de tu ahora,
asida al punto de tu yo inexacto.
Mañana...
Mañana es otro viaje, otro regreso,
ni yo misma ni tú:
un péndulo de acasos
golpeando en la distancia.
Déjame asirme al hoy de este naufragio
que nos lleva a los dos.*

VII

¿Mañana...?
Es largo el viaje y el amor muy tierno.
Deja que cada amanecer estrene el día
y el día en cada noche se deshaga.
Mañana es sólo augurio...
¿Sabes
si el viento largo quebrará mis alas?

VIII

*Aprendí el camino de tus labios
y tu huella de piel estremecida
serpenteando en mi sangre.
Mareas y volcanes y galaxias
amaneciéndome
desde el estreno milenario
de mi caricia niña
jugando a luces en tus aguas.*

IX

¿Qué te trajo al calor de mi alborada?
¿Qué pleamar te amaneció en mi orilla?
Me desnudé de sueños para serte
más yo con menos prisa
y ya no seré nunca jardinera
ni caracola hambrienta de sonido
ni mañana de luz.
Que un yo distinto me creció por dentro
para hacerme jardín
y música
y un hoy inmenso...

Un hoy inmenso
echado, amor, junto a tu almohada.

X

*Ayer me florecí de besos
para ser mañana más que yo.
Se me abrieron jardines escondidos
y fui semilla y tierra y cauce avaro.
Nueve rocíos, nueve,
me bañarán de luz.
Cantarán las fuentes del camino
y un pájaro de tiempo anidará en mi corazón,
me aleteará por dentro
en noches largas
y en madrugadas tibias:
prisionero de siempre
y siempre libre.
Dolorosamente extraño y mío,
para siempre en mí.*

XI

Espera,
que hay una lluvia fina
de caricias corriendo por mis manos,
que hay palomas ansiosas escondidas
y jardines inquietos
y montañas y abismos en acecho
de este siempre tenerte...
(Estás tan lejos
y aún me surcan tus ríos desbordados)

Espera,
que hoy se asoma tu imagen a mi espejo
y hay anhelos en fuga reclamándote
—desesperadamente—
desde el azogue gris.

XII

*La zapatilla blanca del recuerdo
rozó mi pena...
¡Qué vigilia estrenada despeinando
la melena del tiempo!
¡Qué andariegas verdades desciñendo
tu nombre por el viento!*

*La zapatilla roja de la angustia
holló mi pena...
¡Qué de espejos repitiendo tu ausencia
y de palabras niñas
llorando en mi garganta!*

XIII

¿Ayer...?
¿Cuando nacía
de luz junto al umbral de tu alborada?
¿Cuando reía el sol
deshilachando sombras
y a mis pies se aquietaban
las horas sin medida?

Ayer,
cuando yo era,
cuando tú estabas.
Ayer... ¡Qué pequeña palabra!

XIV

Fuiste espuma en la arena de mis playas
y rocío en el pétalo
de mi rosa temprana.
Fuiste, amor,
brizna de luz en sombra desvelada.
Fuiste, soy, serás... ¿seremos?
¡Qué verbo esquivo
jugando en mi gramática!

XV

Crucé descalza tu jardín extraño.
Hubo fiesta de soles y rocíos
en madrugadas vírgenes
y caricia de alas despeinándome
los sueños no nacidos.
Crucé descalza, con las plantas leves
y los ojos de estrellas desvelados.
¿Sabes...?
Aún me duelen espinas y guijarros,
pero crucé descalza
por tu jardín extraño.

XVI

Hay una espera inútil
en el tibio regazo de mi almohada,
en mi piel florecida de tu aliento,
en la palabra muda
que fue silencio antes de ser llamado.

XVII

¿Lo dije?
¿Lo dije y no llegó mi voz a tus arenas?
Quizá se me durmieron las palabras
en un silencio largo.
Quizá no había palabra para voz tan pequeña,
o la había y no supe
desprenderla del alma.

XVIII

Desnudé mi aspereza para herirte
y me dolió la herida más que a ti.
¡Qué extraña culpa de saberte intacto!
¡Qué blanco miedo de sentirme frágil!
Me era tan ancho el traje de mujer...
Y tú, lejano y desasido,
¿pequeño acaso en tu disfraz?
No sé.

XIX

Por la piel la caricia en serpenteo
de lo que pudo ser.
Tu mirada de júbilo estrenado,
de prisas y de ahoras.
Tu voz enredadera,
tu amor de cristal roto,
el tiempo, el ya-no-importa,
el acercarse más y más al casi olvido
y saber, desde el siempre rechazo de la lágrima,
que acercarse al olvido es recordarte.

XX

*Un cascabel, un nido,
una fuente cantándole al silencio,
la sombra de aquel árbol,
una hilacha de luz
negándose a lo oscuro,
un reloj sin agujas,
tus ojos,
la caricia del viento ensalitrado...*

(¿Estás, amor, conmigo en el recuerdo?)

XXI

*Hoy dibujé en la noche tu recuerdo
y en el recuerdo escamas del ayer.
Hoy ya no es hoy ni yo la misma:
sólo es la noche... Acaso
abejas inconclusas y en el filo del siempre
la niña aquella,
fija en el tiempo, casi intacta.*

*No quise verla ahogarse en mis espejos
y te arranqué a la noche.
¡Qué desgarrón de escamas!
¡Qué centellear de luces!
¡Qué afiladas aristas...! Luego,
la niña aquella,
fija en el tiempo, casi intacta.*

XXII

Te supe desde el mar
como sabe la espuma de la arena.
Te supe a sorbos largos
—niña sed insaciable.
Te supe desde el viento agonizante,
el agua en la montaña,
la espiga, el roble, el tomeguín, el águila...
Por la campana al vuelo y el estéril
desgarrón del silencio.
Te supe desde siempre,
a horneadas tibias, a corazón colmado:
Te supe a brazos llenos
y hoy me duelen las manos
de vacío.

XXIII

¡Qué chiquilina fui para tus brazos
y qué mujer creciéndole a tu asombro!

XXIV

Extraña, sí, como el jilguero
sin voz. Como la flor
del monte entre las piedras.
¡Qué sabes tú de hermanas inquietudes
y de sueños!
¡Qué sabes de horizontes enjaulados
y de jaulas abiertas hacia dentro!

XXV

… Y se quebraron todos los espejos
y el agua despeñada se hizo polvo
dejando cicatrices
por las piedras.

Omega

*Agua y espejos el amor. Acaso
un estrenado juguetear de brisas
germinándonos sueños entre risas
y entre risas doliéndose el payaso.*

*Por el trillo de espejos, paso a paso,
embridada la angustia y ya sin prisas,
me llegas desde ayer y te deslizas
rozándome del hoy sólo un retazo.*

*Agua y espejos el amor. Parece
que en mi jardín inédito florece
la rosa del olvido, y en la grieta*

*que empolvada de tiempo se me asusta,
alza mi yo jinete mano y fusta
desbocándose el miedo hasta la meta.*

Índice

Pórtico

Alfa

I	Por el rubio encendido de la arena
II	Ven a que te alcance mi soledad despierta
III	Hoy que tengo el pie ligero
IV	Déjame estar bajo tu sombra
V	Déjame ser el ala de tu vuelo
VI	Déjame estar al filo de tu ahora
VII	¿Mañana...?
VIII	Aprendí el camino de tus labios
IX	¿Qué te trajo al calor de mi alborada?
X	Ayer me florecí de besos
XI	Espera
XII	La zapatilla blanca del recuerdo
XIII	¿Ayer...?
XIV	Fuiste espuma en la arena de mis playas
XV	Crucé descalza tu jardín extraño
XVI	Hay una espera inútil
XVII	¿Lo dije?
XVIII	Desnudé mi aspereza para herirte
XIX	Por la piel la caricia en serpenteo
XX	Un cascabel, un nido
XXI	Hoy dibujé en la noche tu recuerdo
XXII	Te supe desde el mar
XXIII	¡Qué chiquilina fui para tus brazos
XXIV	Extraña, sí, como el jilguero
XXV	... Y se quebraron todos los espejos

Omega